お客様もスタッフも笑顔になる
デイホーム運営の簡単アイディア集

斎藤道雄 著

黎明書房

はじめに　―デイサービスとシニア体操教室の共通点

　ぼくの仕事はスポーツインストラクターです。子どもからシニアの方までを対象に，体操の指導（からだを動かすお手伝い）をしています。最近では，老人ホームやデイサービスなどからのご依頼をよくいただくようになりました。

　そこで，シニア体操教室をしていくうちに，シニア体操教室とデイサービスのある共通点を見つけました。さあ，その共通点とは？

　それは，「サービスをする対象者が同じようなシニア世代である」ということです。あたりまえのことですけれど，対象者が同じ世代であることは，とても大きな共通点です。

　サービスをする対象者が同じシニア世代であれば，考えるテーマがおのずと似通ったものになってきます。それは，どんなサービスをしたらよいか？　ということです。

　もっと具体的に言うと，
　同じようなシニア世代の方々を対象に，どんなサービスをしたら満足してもらえるのだろう？　ということです。

シニア体操教室とデイサービスでは，サービスの内容が異なります。
　ただし，「お客様に，どうしたら満足してもらえるのだろう？」という，目標は同じはずです。目標が同じであれば，それを達成するために考えるいろいろな手段は，同じ目標を達成するためのものということになります。
　ということは，シニア体操教室で考えることと，デイサービスで考えることは，結果的に同じ目標に向かっているということになります。

　たとえば，シニアのお客様に，
「意欲をもって参加してもらうためには，どうしたらよいのだろう？」
「簡単で，誰もが楽しくできるものはないだろうか？」
「人と人が交流できる，よいアイディアはないだろうか？」
などなど，考えること（または悩むこと）が同じということです。

　シニア体操教室をはじめて，10年以上が経ちました。うまくいったこと，うまくいかなかったこと，たくさんあります。必ずうまくいく方法は？　と聞かれたら，ぼくにはわかりません。
　でも，こうやったら，きっとうまくはいかないだろう，ということはわかります。なぜなら，うまくいかないことをたくさん経験してきたからです。

はじめに

　そんなぼくの指導経験をもとに，この本では，シニアの方を対象にサービスするにあたって，どう考えたらいいのか？　を考えていきます。

　そうすることによって，大きな枠組みをつくります。たとえていうと，「塗り絵の描き方」についてお話をします。
　塗り絵の外枠を描くことができれば，あとは色を塗るだけになります。でも，塗り絵の外枠がなければ，どこにどんな色を塗っていいのかは，その場その場で考えなくてはなりません。
　その場その場で考えるということは，デイサービスの現場では大きな負担にもつながります。

　ただし，お話しするのは，塗り絵の（外枠の）描き方のヒントについてです。
　どんな外枠を決めるのか？
　何色を使うのか？
　どこから塗るのか？
　それらは，みなさん，一人ひとりが考えてみてください。

　えっ！？　考えるのは苦手ですか？
　ご心配なく。できることから少しずつ始めてみましょう。
　少しでもできると，案外，楽しいものですよ。
　それでは，まず，第一歩目を踏み出してみましょう！

も く じ

はじめに　1

すぐに役立つデイホーム運営のアイディア

①思いやりカレンダー
やさしい道案内 …………………………………… 8
思いやりカレンダーのつくり方 ………………… 10
いろいろな思いやり ……………………………… 12

②超シンプルプログラム
簡単な年間プログラムのつくり方 ……………… 14
たくさん書き出す ………………………………… 16
分類する …………………………………………… 18
振り分ける ………………………………………… 20
ローテーションする ……………………………… 22
ローテーションすることのメリット …………… 24

もくじ

③活動のアイディアをふやす3つの法則

お金を使わず，頭を使う ………………………………… 26
条件をつくる ……………………………………………… 28
選択する …………………………………………………… 30
ミックスする ……………………………………………… 32

④身近な道具を利用した活動のアイディア

身近な道具を利用する …………………………………… 34
新聞紙を利用する ………………………………………… 36
ペットボトル（500ml）を利用する …………………… 38
お手玉を利用する ………………………………………… 40
棒を利用する ……………………………………………… 42
身近な道具を利用してからだを動かす ………………… 44

⑤役割を分担する

曖昧なアシスタントの役割をはっきりと ……………… 46
リーダーを支援する ……………………………………… 48
その①　道具を準備する ………………………………… 50
その②　ムードづくりをする …………………………… 52
その③　質問をする ……………………………………… 54
その④　安全に配慮する ………………………………… 56
その⑤　実演して見せる ………………………………… 58

⑥活動のメリットを考える

活動のメリットを知る ……………………………………… 60
デイサービスの活動のメリット …………………………… 62
ほかにもあるこんなメリット ……………………………… 64

⑦講師をじょうずに活用する

講師は被雇用者 ……………………………………………… 66
依頼者のリクエストにこたえるのが仕事 ………………… 68
教育というサービス ………………………………………… 70
よい講師を選ぶ基準 ………………………………………… 72

すぐに役立つデイホームの運営 Q&A

Q1　体操は必要ですか？ ………………………………… 76
Q2　簡単な手遊びを教えて ……………………………… 80
Q3　からだの悪いところを治す体操？ ………………… 84
Q4　芸をするのがつらい ………………………………… 88
Q5　時間に追われる ……………………………………… 92
Q6　運動をするときに気をつけることは？ …………… 96
Q7　体操に歌謡曲？ ……………………………………… 100
Q8　虚弱な方にもできる体操は？ ……………………… 104

すぐに役立つ
デイホーム運営のアイディア

# 思いやりカレンダー

やさしい道案内

　お客様に配る日程表（プログラム予定表）は，デイサービスを利用する方々にとって道案内みたいなものです。
　ですから，できるだけわかりやすいように，道案内をしてあげたいものです。

　では，どうしたらよりわかりやすい道案内ができるのか，ごいっしょに考えてみることにしましょう。

　まず，右の日程表をご覧ください。

　ごくふつうの日程表です。
　特にこれといった問題はありません。
　いつ何をするのかが記載されています。
　日程表には，いつ何をするのかがわかればいいのですから，一応その役割は果たしています。

　では，この日程表をお客様の立場になって，もっと見やすくするためにはどうしたらよいでしょう？

　ヒントは，ズバリ「曜日」です。

デイサービスの日程表の例

1	風船バレー	16	絵手紙
2	頭の体操	17	書道
3	ダンス	18	コーラス
4	絵手紙	19	風船バレー
5	書道	20	頭の体操
6	コーラス	21	休日
7	休日	22	絵手紙
8	頭の体操	23	書道
9	ダンス	24	コーラス
10	絵手紙	25	風船バレー
11	書道	26	ダンス
12	コーラス	27	頭の体操
13	風船バレー	28	休日
14	休日	29	書道
15	ダンス	30	お誕生会

思いやりカレンダーのつくり方

　デイサービスの利用のしかたには，ある特徴があります。
　右のカレンダーはそのある特徴をじょうずに利用しています。それは，利用する曜日がほぼ決まっているということです。

　週1回利用する人がいたとします。その人は，利用する曜日が，毎週月曜日だけ，というふうに決まっています。

　週2回利用する人がいたとします。その人も，利用する曜日が，毎週月曜日と火曜日だけ，というふうに決まっています。

　このことから考えてもわかるように，曜日別にまとめて何をするかが書かれていたほうが，利用するお客様にとっては見やすい（わかりやすい）ということになります。

　これは，すでにあるデイサービスで実際に使用されているものです。ぼくは，この日程表のことを，「思いやりカレンダー」と呼んでいます。なぜならば，お客様に対しての「思いやりが感じられるカレンダー」だからです。

協力　デイサービスセンター玲光苑

思いやりカレンダーの例

月曜日	1日	園芸
	8日	体操
	15日	手工芸
	22日	外出（散歩）
	29日	誕生日会
火曜日	2日	園芸
	9日	体操
	16日	手工芸
	23日	外出（散歩）
	30日	誕生日会
水曜日	3日	体操
	10日	手工芸
	17日	外出
	24日	誕生日会
木曜日	4日	体操
	11日	手工芸
	18日	外出
	25日	誕生日会
金曜日	5日	体操
	12日	手工芸
	19日	外出
	26日	誕生日会

いろいろな思いやり

　日程表には，自分に関係のない情報もたくさん載っています。むしろ関係のない情報の方がたくさんあったりもします。

　この思いやりカレンダーのとてもよいところは，自分の見たいところ（自分に関係のある情報）がとても簡単に見つけやすいというところです。言われてみれば簡単なことですが，日ごろごく普通のカレンダーを見ていると，なかなか気づきにくいことです。

　そこに気づいたのですから，これはとても素晴らしいことです。

　デイサービスにとって，支援やレクリエーション活動は，サービスという大切な仕事です。

　でも，この思いやりカレンダーのように，あまり目立たないところにもそっと気を配るようなそんなサービスのしかたもあるのではないでしょうか？

　そんな細かいところに気配りのできるところならば，おのずと行き届いた質の高いサービスを提供してくれるにちがいないと感じさせてくれます。

　たかがカレンダーですが，されどカレンダーです。

　この思いやりカレンダーのように，目立たなくてもできるサービスがもっとたくさんあるのではないでしょうか？

すぐに役立つデイホーム運営のアイディア

② 超シンプルプログラム

簡単な年間プログラムのつくり方

　みなさんは，デイサービスのプログラムをつくるときにどうしていますか？

　翌月のことは月末に決めていますか？
　明日のことは，前日に決めていますか？
　その場になって，様子を見て決めていますか？
　そのときの雰囲気で決めていますか？

　でも，もっと簡単にプログラムをつくる方法があります。
　これをすることで，少なくとも，「来月は何をしようか」ということを，まったく白紙の状態から考えることはなくなります。

　たとえていうと，真っ白な画用紙に絵を描くときに，真っ白な画用紙とすでに塗り絵になっている画用紙とそれぐらいの違いがあります。

　もし，真っ白ならはじめから絵を描かなければなりませんが，塗り絵の状態になっていれば，あとは色を塗るだけということになります。
　ここでは，そのアウトラインのつくり方をご紹介していきます。

すぐに役立つデイホーム運営のアイディア

たくさん書き出す

　アウトラインをつくるのには，ちょっとした法則があります。
　その法則さえつくってしまえば，あとはそれにそってプログラムをはめこんでいくだけです。

　では，まずごいっしょにその法則をつくっていきましょう。
　はじめのキーワードはプログラムを「たくさん書き出す」ことです。

　まず，みなさんがデイサービスでやっていることを頭に思い浮かべてみてください。何か思い浮かびましたか？
　ポイントは，プログラムや活動ということばにとらわれず，できるだけたくさん書き出すことです。
　たとえば，食事とか，おしゃべりとか，ちょっとしたたわいもないことでも何でも構いません。

　いえ，たわいもないことが，かえって大切なことだったりもします。こんなことでもいいのかなあ，と思うことでもとりあえず書き出しちゃいましょう。
　もしかすると，なにかのヒントになるかもしれません。

　右に一例を書き出してみました。

デイサービスでの活動例

散歩	誕生会	体操	書道
絵手紙	切り絵	コーラス	ダンス
風船バレー	ビンゴ	お花見	誕生会
クッキング	クリスマス会	もちつき	運動会
クイズ	手工芸	食事会	ボーリング
オセロ	将棋	読書	トランプ

分類する

どうですか？　たくさん書き出すことができましたか？

それでは，次のキーワードです。たくさん書き出したものを「分類する」です。

分類するとは，ちらかっているものを，同じ仲間にまとめて，箱にしまうような作業です。部屋を片付けていくようなものですね。ここでは，7つの箱を用意して，それぞれに名前をつけていきます。

　　1つ目の箱……**身体型の活動**
　　2つ目の箱……**文化型の活動**
　　3つ目の箱……**教養型の活動**
　　4つ目の箱……**社交型の活動**
　　5つ目の箱……**自然型の活動**
　　6つ目の箱……**娯楽型の活動**
　　7つ目の箱……**祭事型の活動**

まず，1つ目の箱，身体型の活動に入るものを探してみましょう。おもにからだを動かす活動ですから，体操，散歩，ボーリング，ダンス，風船バレーなどが該当します。

以下，同じ要領で，それぞれの箱に入るものを探してみましょう。

参考図書　余暇問題研究所他『シニアのレクリエーション活動―支援のヒントと実際』（ミネルヴァ書房）

活動の分類

①身体型の活動	運動，体操，散歩 活動的ゲーム（風船バレー，ボーリングほか）
②文化型の活動	音楽鑑賞，絵画，絵手紙，切り絵，読書，手工芸
③教養型の活動	書道，パソコン，お稽古事
④社交型の活動	雑談，グループゲーム，クッキング，食事会
⑤自然型の活動	散歩，花見，植物栽培，紅葉狩り，ガーデニング
⑥娯楽型の活動	オセロ，将棋，トランプ，麻雀
⑦祭事型の活動	お祭り，年中行事（運動会ほか），お誕生日会

振り分ける

たくさん書き出す，分類する，とやってきました。
次のキーワードは「振り分ける」です。

分類した7つの活動のうち，6つを月曜日から土曜日まで振り分けていきます。
「笑っていいとも」のように，1週間の番組をつくる気持ちでやってみてください。
ここでは，祭事型の活動はイレギュラーなので，1週間のプログラムからは除くことにします。

月曜日は，身体型の活動の日
火曜日は，文化型の活動の日
水曜日は，教養型の活動の日
木曜日は，社交型の活動の日
金曜日は，自然型の活動の日
土曜日は，娯楽型の活動の日

イレギュラー：祭事型の活動の日

すぐに役立つデイホーム運営のアイディア

ローテーションする

「たくさん書き出す」「分類する」「振り分ける」と，ここまできたらしめたものです。最後のキーワードは，「ローテーションする」です。

20ページで振り分けたものを，○月の第1週目とします。
次に第2週目はローテーションして（ひとつずつずらして）つくります。

○月第1週目
　月曜日は，身体型の活動の日
　火曜日は，文化型の活動の日
　水曜日は，教養型の活動の日
　……

○月第2週目
月曜日の活動を火曜日にずらして，ひとつずつ繰り下げていく。
　月曜日は，娯楽型の活動の日
　火曜日は，身体型の活動の日
　水曜日は，文化型の活動の日
　……

　以下，同じように3週目，4週目とローテーションを繰り返していきます。

協力　セントケアホールディング株式会社

ローテーションの例

第 1 週目					
月	火	水	木	金	土
身体型の活動	文化型の活動	教養型の活動	社交型の活動	自然型の活動	娯楽型の活動

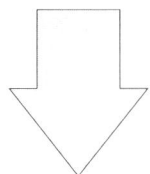

ローテーションすると
　（月曜日の活動が火曜日に。以下同じようにひとつずつずらす）

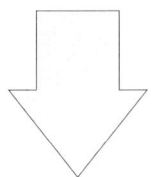

第 2 週目					
月	火	水	木	金	土
娯楽型の活動	身体型の活動	文化型の活動	教養型の活動	社交型の活動	自然型の活動

3週目，4週目と同じように繰り返していきます。

ローテーションすることのメリット

ご紹介したローテーションを利用することで、次の3つのメリットがあります。

1．日程を組む手間を省くことができる

このローテーションを利用すると，6週間でひととおりこなす（ローテーションが1周する）ことになります。

1年間をとおして約50週間ありますから，このことを8回繰り返すと約1年間の日程表をつくることができます。

ローテーションすることで，少なくとも，まったく0の状態から，来月は何をしようかということはなくなるというわけです。

2．週2回利用する人でも同じ活動が重ならない

たとえば，月，水曜日と週2回利用する人の場合，曜日によって違うことが行われているので，まったく同じことをするということが避けられます。

3．活動内容の幅が広がる

次に同じことをするのは，ひととおりローテーションした6週間後になります。しかも，「身体型の活動」というように大まかな取り決めがしてあるので，選択の幅が広がります。

ローテーションすることの3つのメリット

1. 大まかな枠組みができるので,その都度日程を組む手間を省くことができる。

2. 週2回利用する人でも同じ活動が重ならない。

3. 活動内容が豊かになる。

3 活動のアイディアをふやす3つの法則

お金を使わず，頭を使う

　ほしい道具は山ほどあるけど，予算は限られている。そんな悩みはありませんか？　でもご心配なく。

　ここでは，ひとつの道具からたくさんの使い方をする練習をしてみましょう。

　ひとつの道具からたくさんの使い方をするには，3つの法則があります。

① 条件をつくる
② 選択する
③ ミックスする

　この3つの法則を使うことで，「創造すること」を筋道を立てて進めることができます。

　どうぞ，自分の脳トレ（脳を使うトレーニング）のつもりで，気軽にトライしてみてください。

　お金がかからずに，脳も鍛えられる。そんな一石二鳥の法則をご紹介していきます。

すぐに役立つデイホーム運営のアイディア

条件をつくる

　自分の頭で考えるといっても、自由に創造するということは、一見簡単なようでなかなか難しいことでもあります。
　ですから、ある一定の条件をつくってしまって、その条件にそって考えてみることにしましょう。

　たとえば……。
「なんでもいいから遊びを考えて」
と言われるよりも、

「新聞紙を使った遊びを1つ考えて」
と言われたほうが、アイディアが出しやすくなります。

　全く自由に考えるよりも、ある条件をつけることで、頭を働きやすくすることができます。

　右ページに9つのマスを用意しました。
　使い方は簡単です。
　まず、9つのマスの真ん中に、使用する道具（ここでは例として新聞紙）を書きこみます。
　残りの8つのマスには、新聞紙を使ってできそうなことを書きこんでいきます。

参考図書　加藤昌治著『考具』（TBSブリタニカ）

新聞紙を使ってできそうなこと

読む	飛ばす	丸める
投げる	新聞紙(材料)	破る
ちぎる	折る(たたむ)	棒状に丸める

選択する

　ここまでは,「とりあえず思いつきでもいいからできるだけたくさん考えよう！」ということでした。これからは,そのたくさん考えたものを選択して深く掘り下げていきます。では具体的にごいっしょに考えていきましょう。

　29ページの表の中から,さらにアイディアが広がりそうなものをどれかひとつ選び出してください。
　これは思いっきり自分の好みで構いません。もっとアイディアが広がっていきそうなものを独断と偏見で選んでください。ここでは例として,「（新聞紙を）丸める」を,選択してみます。さあ,どんな丸め方があるでしょう。

　丸めると言ったら,次はこう考えてみてはどうでしょう？
　どんな丸め方ができるの？
　両手で？
　片手で？
　（反対の）片手で？
　時間を制限して？
　…………？

新聞紙の丸め方いろいろ

両手で丸める	片手で丸める	反対の手で丸める
（丸める）競争をする	新聞紙を丸める	時間を制限する（例：10秒間でどこまでできるか）
できる限り小さく丸める	ペアになってそれぞれが片手ずつ使って丸める	（両手同時に）2個丸める

ミックスする

　最終的に出てきたアイディアは，そのまま使うこともできますし，または，ほかのアイディアとミックスしても使うことができる場合があります。

　たとえば，「片手で丸める」ことをひとつのゲームとすると，「片手で丸める」と「競争する」をミックスして，「片手で丸める競争をする」こともできます。また，「片手で丸める」と「できる限り小さく丸める」をミックスして，「片手でできる限り小さく丸める」こともできます。

　または，「片手で丸める」と「時間を制限する」をミックスして「片手だけで，10秒間でどこまで丸めることができるか」ということもできます。

　全部が全部実用できるとは限りませんが，大切なことは，身近な道具を利用するきっかけを発見することを作業化してしまうということです。

アイディアを倍増させる方法

条件をつくる……条件をつけることでアイディアを出しやすくする。

選択する……たくさん出したアイディアから，お好みのものをチョイスする。

ミックスする……最終的なアイディアを掛け合わせることで，また新しいアイディアを生み出すことができる。

④ 身近な道具を利用した活動のアイディア

身近な道具を利用する

①条件をつくる
②選択する
③ミックスする

　この3つの法則を使って，実際に身近な道具を利用したアイディアを考えてみましょう。

使用する道具は，
　　1　新聞紙
　　2　ペットボトル
　　3　お手玉
　　4　棒（新聞紙を丸めたもの）
の4つです。

　そして，これらを使ってどういうことができるのか，おもなアイディアをあげてみました。この中には，ぼくが実際に体操教室でやっていることもたくさんあります。
　どうぞ，体操，ゲーム，遊びなど，活動のヒントにしてみてください。

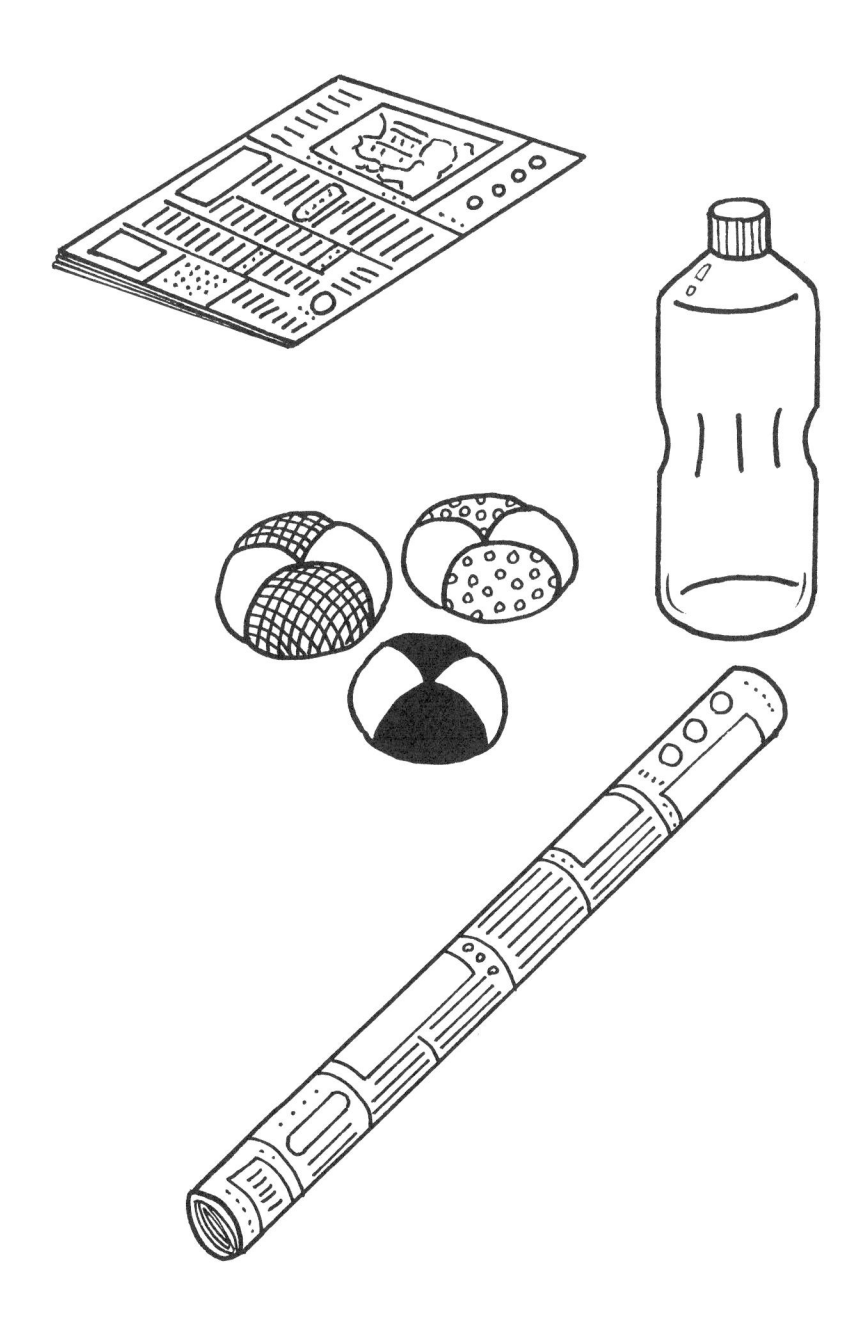

すぐに役立つデイホーム運営のアイディア

新聞紙を利用する

丸める	折る（たたむ）
両手で 片手で 反対の手で 時間を制限して できるだけ小さく 両手で2枚同時に 2人で協力して	両手で 片手で できるだけ小さく 何回たためるか数える
飛ばす	**破る**
より遠くへ より高く 1回だけ折ってより遠くへ 飛行機を折ってより遠くへ	両手で 片手で 足だけで 2人で できるだけたくさん
読む	
指定した文字を探す （例：「あ」を探す） （例：「朝」という字を探す） （例：「10」という数字を探す） （例：できるだけ大きな 　　　数字を探す）	

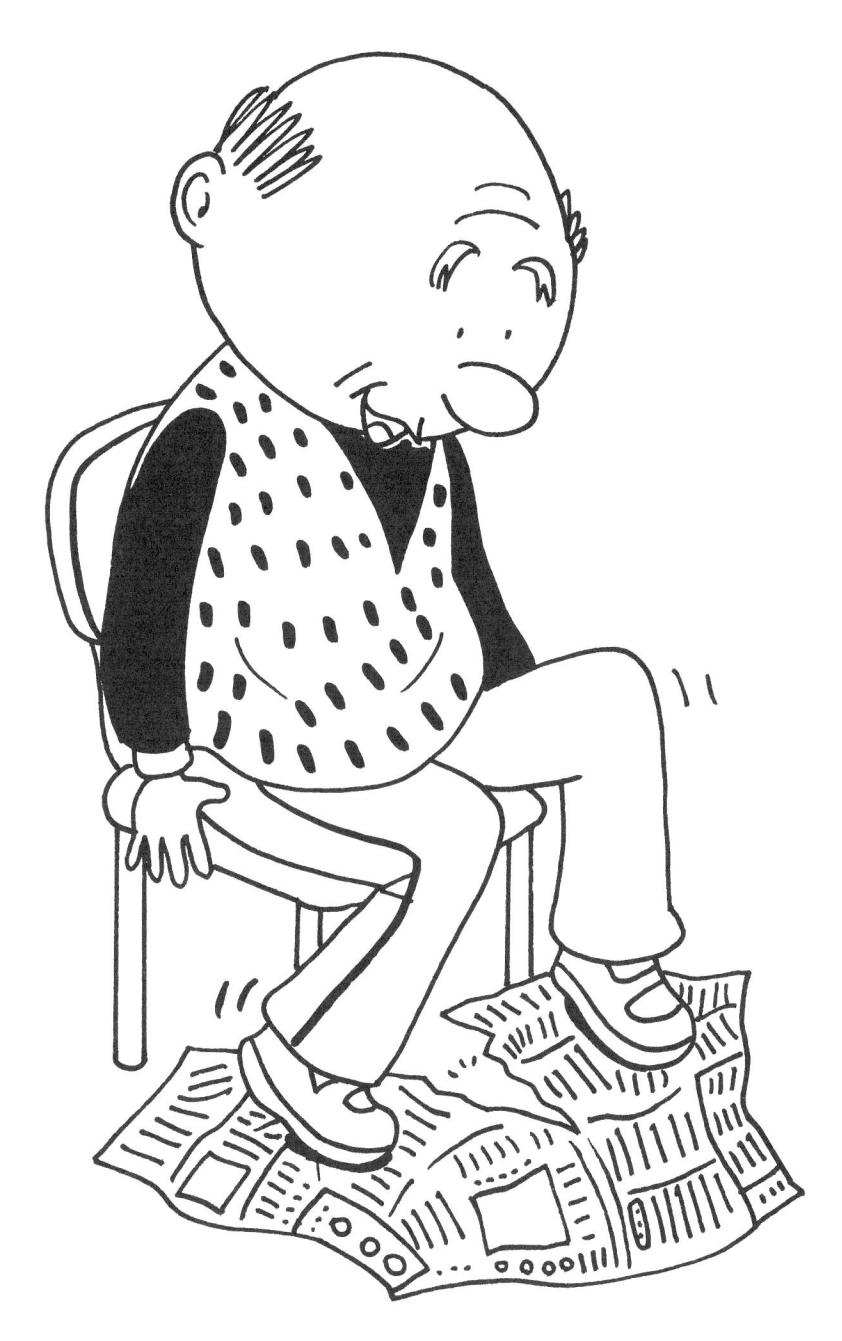

すぐに役立つデイホーム運営のアイディア

ペットボトル(500 ml)を利用する

立てる	振る
手のひらの上に 手の甲の上に チョキ（指2本）にのせて グーにのせて ひざの上に 頭の上に 足の上に	両手で／片手で 大きく／小さく 速く 素早く小刻みに 横に振る 縦に振る リズムにあわせて振る 音楽にあわせて振る
転がす	**キャッチする**
ひざの上を （マッサージするように） 足の下で （マッサージするように） 手のひらの間で 目標物へ向かって	両手で／片手で 反対の手で 両手をチョキにして 両手をグーにして 1回転させて 半分回転させて
	その他
	水を入れる ビーズを入れる

すぐに役立つデイホーム運営のアイディア

お手玉を利用する

のせる	パスする
手のひらに 手の甲に 指2本（チョキ）の上に グーの上に 親指あるいは小指の上に その他の指に 頭の上に 肩の上に 頭の後ろに 足の上に	ふたりで 3人で 多数で（グループで） ふたりで片手だけで 2個同時に 掛け声をかけて「ハイ！」 相手の名前を読んで 回数を指定して（10回） 歌いながら
まわす	キャッチする
頭のうしろを 背中のうしろを 足のあいだを お尻の下を 背中の上から下へ	（上へ投げて）両手で （上へ投げて）片手で （上へ投げて）反対の手で （上へ投げて）両手チョキで （上へ投げて）両手グーで （上へ投げて）拍手をして （上へ投げて）拍手を2回して （上へ投げて）ひざをたたいて （上へ投げて）ひざを2回たたいて

すぐに役立つデイホーム運営のアイディア

棒を利用する（新聞紙を丸めたもの）

たたく	振る
自分の肩を 自分の首のうしろを 自分の背中を 自分の腕を 自分のひざの上を 自分のふくらはぎを	両手で 片手で 反対の手で 上から下へ 右から左へ 左から右へ 斜め上から 掛け声をかけて「エイッ！」 回数を指定して（10回）
たてる	
手のひらの上に 反対の手のひらの上に グーの上に	
まわす	**キャッチする**
円を描く 円を描く（反対にまわす） 8の字を描く 指定した文字を描く	両手でもって投げて 片手でもって投げて 下を持って投げて上を 上を持って投げて下を

すぐに役立つデイホーム運営のアイディア

身近な道具を利用してからだを動かす

　これまで，身近な道具の利用のしかたについてお話ししてきました。ぼくが道具を利用する目的は，からだを動かすということです。

　たとえば，お手玉を上に投げれば，自然と手を使います。
　このお手玉を，頭の上に置こうとすれば，自然と腕をあげることになります。

　また，お手玉を，足の間をとおせば，自然とおじぎをするようにからだを曲げることになります。

　また，お手玉を，背中のうしろをとおせば，(背中をかくように)腕を背中のうしろにまわすことになります。

　このように，これまでのアイディアがすべてからだを動かすことにつながっていきます。

　なんだかお手玉を使っていろいろとやっていたら，からだがほぐれていた。はじめから，からだを動かすというよりも，終わってみたら自然とからだを動かしていた。

　それが，身近な道具を利用することのよいところです。

すぐに役立つデイホーム運営のアイディア

⑤ 役割を分担する

曖昧なアシスタントの役割をはっきりと

　ここではアシスタントの役割ということについて考えてみましょう。シニア体操教室のアシスタントの役割とデイサービスの仕事には，共通点がとてもたくさんあります。

　そのアシスタントの役割が少しでも参考になればと思い，この項目をとりあげることにしました。

　ぼくが思うには，アシスタントの役割というものは，とてもわかりづらいような気がします。

　気が利く人は何も言わないでもできてしまうし，そうでない人はできない，そんな漠然とした内容でもあります。

　けれども，アシスタントの援助のしかた次第では，その進行がよりスムーズにもなります。

　だったら，まず，その漠然としているその役割を，ことばではっきりさせてしまいましょう，ということです。

　それがじょうずにできるかできないかという問題ではなく，まず，役割をことばで明確にすること。まずは，そこからはじめてみましょう。

すぐに役立つデイホーム運営のアイディア

リーダーを支援する

　アシスタントの役割はひとことでいうと,「リーダーを支援する」ということです。

　「リーダーを支援する」ということは,**「足りないところを,必要なときに,必要な分だけ補う」**ということです。

　ことばにすればシンプルなことです。
　ではこの「リーダーを支援する」ということを,もう少し具体的に考えてみましょう。ぼくが考えるアシスタントの役割は次の5つです。

　　1　道具を準備する
　　2　ムードづくりをする
　　3　質問する
　　4　安全に配慮する
　　5　実演して見せる

　それでは,ひとつひとつご紹介していきましょう。

（シニア体操教室での）アシスタントの役割

1. 道具を準備する
2. ムードづくりをする
3. 質問をする
4. 安全に配慮する
5. 実演して見せる

その① 道具を準備する

　ぼくがシニア体操教室をしているときに，いろいろな道具を使うことがあります。

　　ボールを使ったり
　　新聞紙を使ったり
　　はさみで新聞紙を切ったり
　　お手玉を使ったり
　　ペットボトルを使ったり
　　音楽を使ったり

　「これからボールを使おう」というときに，ボールがパッと出てきてくれれば，進行が途中で途切れずにスムーズに進めることができます。
　小さなことですが，進行が途切れないということは，リズムが途切れないということです。リズムが途切れないということは，自然な流れができるということにもつながります。

　もしも，リーダーがその場を離れて道具をどこかに取りに行けば，その間流れがストップしてしまいます。

　アシスタントがいるならばその仕事はアシスタントに任せて，リーダーはできるだけその場を離れないようにしましょう。

すぐに役立つデイホーム運営のアイディア

その②　ムードづくりをする

　ムードづくりという役割は，すでに自然とやっている人が多いかもしれません。でも，あえてそういうことをきちんとことばで明確にすることがここでのねらいです。
　ぼくの考えるムードづくりは次の3つです。

1．うなずく
　アシスタントの笑顔は，かたい雰囲気を和ますことができます。アシスタントがうなずくことは，リーダーの気持ちをぐっと楽にしてくれます。

2．拍手をする
　アシスタントが率先して拍手をすることで，その拍手は，2人，3人と多数へと広がっていきます。

3．声を出す
　掛け声をかけるとき，歌をうたうときなど，誰かが大きな声を出すことで，まわりもそれにつられていくものです。

　ムードづくりというものは，リーダーひとりが頑張ってするものだと思われがちですが，そうではなく，まわりにいる**アシスタントもいっしょになってつくっていくもの**です。それがチームワークです。

すぐに役立つデイホーム運営のアイディア

その③ 質問をする

　大勢の人の前で話をするときに，ちょっと緊張してしまう。ぼくは，それはごく当たり前のことだと思っていますし，それでいいと思います。
　だから，いつも完璧に話ができているなんて，ぼくにはありえないことです。もしかしたら，緊張して間違えていることがあるかもしれませんし，どこか説明が不足していることだってあるかもしれません。

　間違いは誰にだってあります。大切なのは，それを，みんなで少しでも減らしていこうという姿勢だと思います。
　もしも説明不足の場合でも「こういうときは，どうすればいいの？」と誰かがリーダーに質問することで，その場ですぐに不足の部分を補うことができます。

　質問するということは，**曖昧なところをクリアーにするということ**でもあります。これをすることで，話を聞いている人たちの理解度をグーンとアップすることができます。
　少しでも多くの人が理解することができれば，少しでも進行の妨げを防ぐことにつながります。
　アシスタントのリーダーへのよい質問＝じょうずな通訳
になっているのです。

すぐに役立つデイホーム運営のアイディア

その④　安全に配慮する

　リーダーは全体の進行を任されるために，ひとつひとつ細かいところまで，なかなか目が行き届かないことがあります。そんなときに，アシスタントの目が頼りになります。

　特に，参加者の安全確保については，そばにいるアシスタントが配慮していきたいものです。具体的には，

　参加者の表情に異変はないか？
　参加者の行動に異変はないか？
　床が濡れていないか？（転倒のリスクはないか？）
　物が落ちていないか？（踏みつけてしまわないか？）
　使用する道具に不備はないか？
　などなど

　安全に絶対はありません。
　2つの目よりも4つの目で，
　4つの目よりも6つの目で，
　できる限り多くの目で，ほんの少しでも危険の要因を減らしていきたいものです。

すぐに役立つデイホーム運営のアイディア

その⑤　実演して見せる

「百聞は一見にしかず」
ということわざのとおり，説明は聞くよりも実際に見せた方がわかりやすいものです。

よく運動会の競技を説明するときにも，実際に見本を見せながら説明をしていることがあります。

リーダーが何か説明をするときも，話だけではなく見本を見せることで，より具体的でわかりやすい説明になります。

そのときに，見本をアシスタントの人がすることで，リーダーの負担をより軽減することができます。

リーダー……話をする人
アシスタント……見本を見せる人
というふうに，明確に役割分担ができます。

繰り返しますが，アシスタントの役割は，「リーダーを支援すること」です。
ほかにもいろいろな支援のしかたがあります。

こんなことをしてあげたらいいんじゃないかなあ，という思いやりが，アシスタントの役割の基本ではないでしょうか？

すぐに役立つデイホーム運営のアイディア

6 活動のメリットを考える

活動のメリットを知る

　デイサービスで活動のメリットを知る，ということは，仕事の意味を知る，ということにもつながります。
　仕事の意味を知る，ということは，仕事の自信にもつながります。
　反対に，なんでこの活動をやるのだろう？　とその意味を理解していなければ，つねに不安がつきまとうものです。

　たとえば，体操をすることのメリットのひとつには，からだがほぐれることがあります。
　からだがほぐれるということは，からだの動きがスムーズになるということです。
　からだの動きがスムーズになれば，転倒予防にもつながっていきます。

　このように，体操ひとつをとっても，メリットがあります。このメリットを知ってやるのと，知らないでやるのでは，活動に対する意識の度合いが全く違ってきます。

　ここでは，デイサービスの活動にはおもにどんなメリットがあるのかを考えてみたいと思います。

すぐに役立つデイホーム運営のアイディア

デイサービスの活動のメリット

　体操には，けがを予防するメリットがあると言いました。
　では，デイサービスの活動には，ほかにどんなメリット（よい効果）があるでしょう？　おもなメリットをあげてみました。

　　活動することで……寝つきがよくなる
　　（からだや頭を使う→疲労する）

　　活動することで……食欲がわく
　　（からだや頭を使う→エネルギーを使う）

　　活動することで……人と交わる機会が増える
　　（からだや頭を使う機会が増える）

　　活動することで……リハビリにもつながる
　　（活動することが結果的に，リハビリにもつながる）

　　活動することで……生活にメリハリがつく
　　（毎日の生活がバラエティに富む）

　　活動することで……転倒予防にもつながる
　　（しなやかな身のこなしを維持する）

参考図書　余暇問題研究所他『シニアのレクリエーション活動―支援のヒントと実際』（ミネルヴァ書房）

すぐに役立つデイホーム運営のアイディア

ほかにもあるこんなメリット

そのほかの活動にも，たくさんのメリットがあります。
たとえば……。

食事をすることは，
人と交わる機会が増えることにもなりますし，咀嚼（そしゃく）をすることにもなります。

また休憩時間にもこころとからだの休息をとることができます。

朝や帰りの会にも
今日，これから何をするのか内容を知らせたり，
連絡事項があれば知らせたり，
新しい方を紹介したり，
安全のための注意事項をうながしたり，
参加者の顔色をチェックしたり，

そこには，いろいろなメリットがあります。
言い換えると，メリットがあるからこそ，根拠のある活動なのかもしれません。

デイサービスのおもな活動の根拠とメリット

●朝の会をする／帰りの会をする
・情報の提供ができる（本日の内容，連絡事項など）
・健康チェックができる
（体調，顔色，いつもと変わりないかどうか？）

●体操をする
・からだをほぐす
・こころをほぐす
・けがを予防する

●活動をする
・寝つきがよくなる
・食欲がわく
・人と交わる機会が増える
・リハビリにつながる
・生活にメリハリがつく（毎日の生活がバラエティに富む）
・転倒防止につながる（しなやかな身のこなしを維持する）

●食事をする
・人と交わる機会が増える
・咀嚼する（ものを噛む）

●休養をする
・こころとからだの英気を養う

7 講師をじょうずに活用する

講師は被雇用者

　デイサービスによっては，レクリエーション活動の一部を講師に依頼しているところもあります。
　そして，それは専門家であったり，ボランティアであったりと，さまざまな人たちに講師を依頼しているようです。
　私のところにもよく体操講師の依頼があります。

　ここで，注意しておかなければいけないことがひとつあります。
「依頼主はデイサービス」だということです。

　講師は依頼主のリクエストにそって仕事をして報酬を得ています。ここに立派な雇用関係が成立しています。

　よく見聞きするのは，この関係（要望を出す，要望を受ける）があいまいになってしまっているということです。これには双方に責任があると思います。
　そうならないためには，依頼者（ここではデイサービス）は，はじめに依頼者の**希望をはっきりと言うこと**です。

　何もこれは専門的なことでなくても構いません。
　漠然としたこと，ほんの些細なこと，疑問に思っていること，それらを話してみることです。

すぐに役立つデイホーム運営のアイディア

依頼者のリクエストにこたえるのが仕事

　たとえば，みなさんが家を建てるときに建築家に依頼するとします。そのときに，
「キッチンは広いほうがいい」
「吹き抜けがほしい」
「開放感がある家がいい」
など，なんらかの希望があるはずです。希望とはそういうことです。

　それを聞いた上で，建築家はプランをつくって，話をすすめていくはずです。
　希望を聞かなければプランをつくりようがありませんし，希望を聞かずにプランをつくってしまう建築家には「えっ？　何も聞いてくれないの」と不安を感じるかもしれません。

　デイサービスと講師の関係も同じことです。デイサービスのリクエストを聞いて，その要望に沿って仕事をするのが講師の役割のはずです。だから言いたいことや，疑問に思ったことは臆せずにどんどん聞いてみることです。

　専門家であればきちんとした回答をしてくれるはずでしょうし，どうしてもそれに納得がいかなければ，講師の交代を考えればいいことです。

すぐに役立つデイホーム運営のアイディア

教育というサービス

　私はかつて，幼児体育の先生を幼稚園へ派遣する会社に勤めていました。幼稚園のクラスでは，担任の先生が教える以外に専門的な授業があります。
　それが，体育であったり，音楽であったり，最近ではパソコンの授業などもあります。

　私は，体育講師として幼稚園へ派遣されていました。
　ここで，注意しなければいけないことは，体育講師は，あくまでも幼稚園の保育の一環で，そこに派遣されているということです。
　ですから，幼稚園の意向にそったカリキュラムをすすめていかなければなりません。そこでは，当然，コミュニケーションが必要になります。

　これは，当たり前のような話ですが，意外とできていないことが多いのです。
　もしも，相手の意向がわからなければ，こちらから尋ねてみます。その上で，リクエストがあればそれを受け入れて，なければこちらから提案します。

　どちらにしてもコミュニケーションがなければ成立しないことは明らかです。

すぐに役立つデイホーム運営のアイディア

ゴール

コミュニケーション（要望・提案）

よい講師を選ぶ基準

　そして忘れてはならないのは，依頼者は幼稚園（またはデイサービス）だということです。ですから，幼稚園（またはデイサービス）の意にそぐわなければ，指導員交替を要求されることもあります。冷たいようですが，それがビジネスです。
　ぼくの考えるよい講師を選ぶ基準は次のとおりです。
　1　依頼者のリクエストを聞いてくれるか。
　2　（リクエストがなければそれに代わる）よい提案をしてくれるか。
　3　専門的なことばを使わずに，誰にでもわかることばを使ってくれているか。
　4　デイサービス（依頼者側）にプラスの効果をもたらしてくれるか。

　最後の「デイサービスに**プラスの効果をもたらしてくれるか**」ということが，依頼者にとって最も重要なことではないでしょうか。
　そして依頼者側は，そういう人を選べるかどうか，見極められるかどうかが，最大のポイントになります。

　さきほどの建築家でたとえれば，自分の理想の家を建ててくれそうな人を探すことと同じことなのです。
　難しいことじゃありません。まずは，自分の要望を素直に打ち明けてみる。そこからがスタートです。

よい講師を選ぶ基準

① 依頼者のリクエストを聞いてくれるか。

② （リクエストがなければそれに代わる）よい提案をしてくれるか。

③ お年寄りに対しても，わかりやすいことばを使ってくれているか。

④ デイサービスにプラスの効果をもたらしてくれるか。

すぐに役立つ
デイホームの運営 Q&A

Q1 体操は必要ですか？

午前と午後の2回，体操をしています。
でもなかには，なかなかめんどうくさがってやらない人もいます。からだにはいいと思うのですが，活動の中に，やっぱり体操って必要なんでしょうか？

デイサービス勤務　48歳女性

A けがの予防につながる。けれど…。

　からだを動かすと，からだをほぐすことができます。
　からだがほぐれていると，つまずいたり，転んだりすることを防ぐことにつながります。つまり，からだを動かすことは，けがの予防につながっているのです。

　よく工事現場でラジオ体操をやっているところを，見かけたりします。安全第一の工事現場だからこそ，あってはならない事故を未然に防ごうという意図がよくわかります。

　事故を未然に防ぎたいということでは，工事現場でもデイサービスでも同じことだと思います。特に，デイサービスなどでの通所介護施設では，ご高齢の方が多いので，転倒というリスクが高くなります。前もって，そのリスクを少しでも低くしておきたいのは，言うまでもないことでしょう。

すぐに役立つデイホームの運営 Q&A

ただし，体操はからだをほぐすためのあくまでもひとつの手段にすぎません。体操することだけが，からだをほぐすことの手段ではありません。
　からだをほぐすためには，ほかにもいろんな手段があるということです。

　歌を歌いながら，からだを動かしたり，
　ボールを使いながら，からだを動かしたり，
　新聞紙で遊びながら，からだを動かしたり，etc……。

　からだを動かす方法はいろいろとあります。

　はじめにも言いましたが，からだを動かすと，からだをほぐすことができます。からだがほぐれていると，けがの予防につながります。

　ここでは，からだを動かすことと，けがの予防とのつながりについてお話ししました。でも，ホントのところは，ぼくはこう思っています。

　からだを動かすと，なんだかこころもからだもスッキリする。
　たったそれだけのことでも，ほかに意味がなくても，ぼくはすばらしいことだと思います。

○ からだを動かす方法は
　体操だけに限らない

○ ボールを使う？

○ 歌を歌いながら踊る？

○ 新聞紙を使う？

Q2 簡単な手遊びを教えて

> バスや食事の待ち時間などにできる，その場ですぐに簡単にできる手遊びがあったら教えてください。
> できれば，簡単にできそうなものでお願いいたします。
> 　　　　　　　　　　　　老人介護保健施設勤務　42歳女性

A すぐに，その場で，簡単に

　ぼくは，手遊びをただの遊びというよりも，簡単にその場でできるウォーミングアップとして利用しています。

手遊びのメリットは，
　　1　道具がいらない
　　2　すぐにその場でできる
　　3　簡単にできる
ことがあげられます。

　ひとつ，ふたつ知っておくだけでも，とても便利な遊びです。ちょっと時間が空いたときに，とても役立ちます。
　それでは，82頁で，ぼくが普段実際に使っている簡単なものを4つご紹介します。

手遊びのメリット

1. 道具がいらない

2. すぐにその場でできる

3. 簡単にできる

簡単にできる指先を使ったゲーム

●**グーとチョキ**
　片手はグーとチョキ，
　反対の手はチョキとグー，
　これを同時に繰り返します。

●**チョキとパー**
　片手はチョキとパー，
　反対の手はパーとチョキ，
　これを同時に繰り返して行います。

●**○と×**
　人差し指で「○」を描く。
　反対の人差し指で「×」描く。
　これを同時に行います。

●**カウント5**
　片手で，親指から指をおって5つ数えます（パーでスタート）。
　反対の手で，小指から指を立てて5つ数えます（グーでスタート）。
　これを両手同時に行います。

すぐに役立つデイホームの運営 Q&A

Q3 からだの悪いところを治す体操？

> 車いすの方から，脚が動くようになるにはどんな体操をしたらよいのかと聞かれます。
> 正直言って，私には，何て答えてよいのかわかりません。こんなとき介護職員として，どうしたらよいのでしょうか？
> また，脚がよくなる体操なんてあるのでしょうか？　あったら，教えてください。
>
> 　　　　　　　　　　　　　　　デイサービス勤務　38歳女性

A 体操＝治療？

　ぼくの仕事はスポーツインストラクターです。
　体操というサービスを提供する仕事です。
　それは，からだの悪いところを治す，ということではなく，からだを動かすお手伝いをする，ということです。その結果として今ある力・機能を維持，もしくは向上させていくことにつながります。

　はじめから，からだの悪いところを治すなんてことは，ぼくにはできません。治療やリハビリは，また分野が違います。ここはハッキリとさせておかなければいけないところだと思います。
　ただし，体操をした結果，悪かったところが改善されるということは充分に考えられます。

すぐに役立つデイホームの運営 Q&A

先日もこんなことがありました。
　片麻痺の方と，キャッチボールをしていたときに，いつもは全く動かなかった手がほんの少しだけ動いたのです。
　ちなみに，これは，はじめからリハビリを目的にやったことではありません。あくまでも，キャッチボールをした結果として起こった出来事です。

　話を質問にもどします。
　デイサービスのスタッフであるということは，それなりの仕事の役割があると思います。これは，どの仕事でも同じだと思います。

　そして，からだの悪いところを治す（治療する）ということは，また別の分野の仕事でもあります。
　ただし，**デイサービスに通うことによって**，その悪いところがよくなることも，充分にあり得るということです。

　「病は気から」とういことわざがあります。
　ということは，気に働きかけることができるとすれば，病も治るということではないでしょうか？

すぐに役立つデイホームの運営 Q&A

Q4 芸をするのがつらい

利用者の方を楽しませるために,顔にペイントをして芸をすることがあります。このようなことは,ごくたまにならよいのですが,それが頻繁に行われます。
ただ楽しんでもらえれば,それでよいのでしょうか?
正直,顔にペイントして芸をすることは,ぼくには辛いです。
　　　　　　　　　　　　　デイサービス勤務　28歳男性

A いろんな満足のために,いろんなサービスがある

　ある老人ホームにこんな方がいらっしゃいます。
　その方は手先が器用で,いろいろな小物をつくっています。
　先日も「えんどうまめ」の形をした携帯ストラップを,ぼくにプレゼントしてくれました。
　聞くところによると,それらはその老人ホームで販売もされているそうです。
　「これ,いくらで売ってるんですか」と聞いたら,
　「1個20円です」と笑いながら答えてくれました。

　きっと,この方は,そうやって他人に喜んでもらえることに幸せを感じているんだと思います。

すぐに役立つデイホームの運営 Q&A

話を質問にもどします。
　最近のお笑いブームも手伝ってか，テレビのような真似事をして相手を楽しませるケースもよくあるようです。そのことについては，それでもいいと思います。

　でも，人それぞれ顔や姿が違うように，満足の仕方も違います。

　おしゃべりをすることで満足する人。
　おいしいものを食べることで満足する人。
　外をゆっくりと散歩することで満足する人。
　静かに読書をすることで満足する人。
　ものをつくることで満足する人。
　他人に喜んでもらうことで満足する人。

　決してみんながみんな，芸を見てゲラゲラ笑うことで満足をするとは限らないということです。だから，サービスのしかたにも，もっといろいろあってもいいのではないのでしょうか。

　そしてもうひとつ。
　あまりにもスタッフに負担のかかるサービスのしかたにも疑問を感じます。
　ごくふつうに，ごく自然に，肩の力をぬいてできるサービスのしかたもきっとあるのではないでしょうか？

すぐに役立つデイホームの運営 Q&A

Q5 時間に追われる

毎日，午前10時と午後2時に集団活動の時間があります。
必然的に，それに間に合うように，食事や入浴を終えて活動の準備をしなければなりません。
利用者の人数とスタッフの人数の関係もあるのですが，1日がとてもあわただしく過ぎていくように感じます。
もっとゆっくりと過ごせないものかなとも思うのですが，果たしてこれでよいのでしょうか？

デイサービス勤務　24歳女性

A たくさんあるはずの選択肢

　ぼくが，子どもたちをキャンプに連れて行ったときの話です。
　大人たちで，子どもたちのことを考えて，「あれもやらせてあげたい，これもやらせてあげたい」といろいろなことを考えた結果，そのキャンプは超過密スケジュールになってしまいました。

　キャンプが終わってみれば，なんだかスケジュールを消化するためだけの，あわただしいものになってしまいました。まあ，いろんな体験ができたといえばそれまでですが，もっと違うやり方もできたんじゃないかとも思っています。

サマーキャンプ・タイムスケジュール	
6時	起床
7時	
8時	
9時	
10時	
11時	
12時	
1時	過密スケジュール
2時	
3時	
4時	
5時	
6時	
7時	
8時	消灯

それに，時間に追われるということは，行動に余裕がなくなります。余裕がなくなれば，大人が子どもを急がせることが多くなります。そうなると，そこにはたくさんの目には見えないリスクが伴ってきます。

　ご質問のようにデイサービスでも，同じようなことが言えるのではないでしょうか？
　集団活動をするために，食事や入浴の時間にゆとりがなくなれば，当然そこにはリスクが伴います。たとえ何事もなく無事に１日が終わったとしても，リスクが伴っているという事実には変わりありません。

　それにもしかしたら，
　ゆっくり入浴したい人もいるかもしれません。
　ゆっくり食事をしたい人もいるかもしれません。
　のんびりと１日を過ごしたい人もいるかもしれません。

　ぼくは，集団活動がいけないと言っているのではありません。
　集団活動もひとつの選択肢だと思います。
　ただ，そのために時間に余裕がなくなるのであれば，１日の過ごし方を，考えてみる余地があるということです。

すぐに役立つデイホームの運営 Q&A

Q6 運動をするときに気をつけることは?

> 体操など，デイサービスでは運動をするプログラムがあります。お年寄りの方が安全に楽しく運動をするためには，特にどんなことに気をつけたらよいでしょうか?
>
> デイサービス勤務　35歳女性

A 2とおりの配慮のしかたがある

　何人かの人が集まって運動をする。そこに運動をリードする人（リーダー，または進行役）がいるとすると，その人に安全に配慮するという意識があるかどうかがまず大切です。

　安全の配慮には，次の2とおりの配慮のしかたがあります。

① （相手に自ら）配慮させる
② こちらが配慮する

　どちらかひとつというのではなく，2つでワンセットだと考えてください。絶対にけがをしないという保障はどこにもありません。だからこそ，そのリスクを少しでも「0」に近づけるために，2つでワンセットなのです。

すぐに役立つデイホームの運営 Q&A

楽しくからだを動かすための2とおりの配慮

① 相手に自ら配慮させるべきこと

② こちらが配慮すべきこと

①**相手に自ら配慮させるべきこと**
　ぼくが指導しているシニア体操教室では，毎回体操が始まる前に，次のように話しています。

　「どうぞ無理をしないで，それなりにやってください」
　「無理をしない」「それなりに」のほかにも，こんなことばを使って自らの配慮をうながします。「がんばりすぎない」「のんびりと」「適度に」「ゆっくりと」「他人を気にしないで」「できるところまでやることがいい」。

　こんなことばを**ひとこと言っておく**だけでも，からだを動かすときに大きな意識の違いが出てくるのです。

②**こちらで配慮すべきこと**
　これはあまり細かくあげるとキリがないので，大事だと思うことをひとつだけにします。それは，「徐々に強くする」ということです。はじめは肩慣らし程度からスタートして，ゆっくりと強度を増していくということです。

　リードする側だけが配慮するのではなく，お互いに安全に対して配慮することができれば，さらにけがの可能性を減らすことができます。リスクをより減らすことが，楽しくからだを動かす秘訣です。

すぐに役立つデイホームの運営 Q&A

Q7 体操に歌謡曲？

あるテレビで，体操の音楽に，氷川きよしの「きよしのズンドコ節」を使っていました。体操といえばラジオ体操しか頭に浮かばない私には，思ってもみない選曲でした。
この曲のほかにも，斎藤先生が体操に使っている曲があればぜひ教えてください。

　　　　　　　　　　　　　老人介護保健施設勤務　27歳女性

A より気持ちよくからだを動かすために

　体操に必ずこうしなければいけないという決まりはありません。気持ちよくからだを動かすことができれば，それにこしたことはありません。ですから，体操に歌謡曲を使うのも大賛成です。

　もともと，音楽とからだを動かすことは切っても切れない関係にあります。
　フォークダンス，社交ダンス，盆踊り，エアロビクス，太極拳。

　音楽を聴けば，自然とからだが動いてしまうのは，人間の習性なのかもしれません。だったら，その習性をもっと利用しない手はありません。

すぐに役立つデイホームの運営 Q&A

ぼくが体操に利用している音楽は下記のとおりです。なかでも，沖縄の音楽がおすすめです。沖縄の音楽の曲調，テンポ，雰囲気が熟年の体操のイメージにピッタリマッチします。

　先日も，シニア体操教室に参加している方が，
「体操でかかっていた音楽いいわねえ。なんて曲？」とか
「あんまりいいからCD買っちゃったわよ」とか
「うちに帰ってから思い出してマネしてるのよ」なんて感想をおっしゃっていました。

　振り付けは，研修会でもご紹介しています。関心のある方は，巻末の連絡先までご連絡ください。

●斎藤先生のオススメ！　体操に使える歌謡曲
　涙そうそう（夏川りみ）
　花（石嶺聡子）
　島人ぬ宝（ビギン）
　島唄（THE BOOM）
　きよしのズンドコ節（氷川きよし）
　TSUNAMI（サザンオールスターズ）
　世界に一つだけの花（スマップ）
　さくら（森山直太朗）

すぐに役立つデイホームの運営 Q&A

Q8 虚弱な方にもできる体操は？

体操をする方たちの介護度がバラバラで困っています。どうしても，元気な方だけが体操をやって，虚弱な方はただじっと座っているだけになりがちです。
虚弱な方たちもいっしょにできるような体操はありませんか？

　　　　　　　　　老人介護保健施設勤務　42歳女性

A 無理をせずにできる範囲で

　ぼくは，ある老人ホームからの依頼で定期的に体操教室をしています。そこでは，元気な方から虚弱な方までいろいろな方が体操教室に参加されています。

　介護度でいうと，自立要支援の方から介護度4，5の方まで実に幅広い方々がいらっしゃいます。

　そこでの参加者の方々の体操の様子は，やはり，バラバラな状態です。体操をしている人もいれば，そうでない人もいます。でも，ぼくは，それでいいと思っています。

　ぼくたちは，気づかないうちに，（見た目において）みんなが同じようにできるのが，当たり前であって，それがよいことだと思い込んでいるところがあるのではないでしょうか？

すぐに役立つデイホームの運営 Q&A

たとえば，夏休みに朝，公園でラジオ体操をやったとします。腕をまわしたり，足を曲げたり，からだをまわしたり，ほぼ，みんなが同じ動きをします。そして，それが当然のことのように思っています。

　でも，もしもそこに，からだの不自由な方がいれば，それは，どこか違う動きになるかもしれませんし，それも自然といえば自然のことです。
　ただし，その人の見た目のからだの動き方は違っていても，やろうとしていることは同じだということです。
　あくまでも**やろうとしている気持ちは同じ**であって，からだを動かした結果として違うように見えるというだけのことです。

　はじめに紹介した，ぼくの体操教室では，それがもっと極端になっただけのことです。やっていること（やろうとしている気持ち）は何も違わないのです。ただ，違って見えるというだけのことです。

　ぼくが，この体操教室で必ずはじめにお願いしていることがあります。それは，「無理せずに，できる範囲で動かしてくださいね」ということです。
　ぼくには，それだけでも充分にすてきなことことだと思います。

すぐに役立つデイホームの運営 Q&A

シニアのお客様へのより質の高いサービスを目指している皆様へ

クオリティー・オブ・ライフ・ラボラトリー（QOL.LAB）では，本質を第一に考えた健康づくりを目指しています。ひとつひとつの仕事を，大切に，ゆっくりと，ていねいに，すすめてまいります。

体操講師派遣

経験豊富で優秀な体操講師を派遣します。プラスの効果をもたらすことをお約束します。

【おもな派遣先】
- 老人ホーム，デイサービスなどのシニアのお客様を対象とした場所

【メリット】
- 顧客満足を得ることで，顧客数の維持，向上につながります。
- 専門家を導入することで，スタッフの体操，介護予防，レクリエーション活動のよい知識を獲得することができます。
- また，仕事（行動）をする上での自信につながります。

【参加者の声】
- 「あ～楽しかった！」「あ～スッキリした！」「明日もきんさい（来なさい）」

【スタッフの声】
- 「子どもっぽくなく，かといって年寄りじみてもいない。うまいっ」
- 「誕生会，季節の行事などとても参考になる（というより，マネしている）」

育成事業

シニアのお客様に満足してもらうためには？　わかりやすい理論と実技が自信につながります。

【育成事業の内容】
- 講演会や研修会
- リーダー育成（社員教育ほか）
- コーチング（マンツーマン育成プログラム）

【講演会のおもなテーマ（一部です）】
- かんたんにできる有意義なプログラムのつくりかた（仕事の負担を軽減して，効率アップ）
- じょうずに体操をリードするコツ（ことばがけひとつで効果が変わる）
- からだを使ってできる簡単なゲーム（体操だけじゃない，かんたんにできるからだを動かす方法）
- リーダーのやるべきこと，アシスタントのやるべきこと（あいまいな役割をはっきりする）

【参加者の声】
- 「漠然としていたことがクリアーになった」「完璧じゃなくてもいいと言われて，楽になった」
- 「これ（アシスタントの役割の意識），絶対必要ですね」

お申し込み，お問い合わせは次頁をご覧ください。

〈著者紹介〉

●斎藤道雄　1965年福島県生まれ。
国士舘大学体育学部卒業。(株)ワイルドスポーツクラブ(おもに幼児体育指導者の派遣)を経て，1997年健康維持増進研究会設立。2007年，クオリティー・オブ・ライフ・ラボラトリー(キュー・オー・エル・ラボ)に改名。
子どもからシニアまでを対象としたていねいでわかりやすい体操指導に定評がある。
その指導経験を活かした，「本質を第一に考える」ことを目的とした育成事業(介護職員，保育士，幼稚園教諭などを対象)は，参加者から「感覚ではなく，きちんと理論に基づいた知識を得ることができた」「あいまいなことがはっきりしてスッキリした」など，多数の感謝の声が寄せられている。

〈おもな著書〉
『お年よりにうけるレクリエーション』『幼児にうける体育とゲーム』『車いすレクリエーション』(以上，大月書店)
『高齢者施設のための楽しいレクリエーション』(グラフ社)
『実際に現場で盛り上がるゲーム＆指導のコツ』『特養でもできる楽しいアクティビティ32』『3・4・5歳児の考える力を楽しく育てる簡単ゲーム37』(以上，黎明書房)

〈これまでのおもな契約先〉
セントケア株式会社，早稲田速記医療福祉専門学校，東京スポーツレクリエーション専門学校，有料老人ホーム敬老園，ほか多数

〈お問い合わせ，お申し込み先〉
http://www.qollab.jp　または，m-saitoh@beach.ocn.ne.jp
FAX 03-3302-7955

お客様もスタッフも笑顔になるデイホーム運営の簡単アイディア集

2007年8月25日　初版発行

著　者		斎　藤　道　雄
発行者		武　馬　久仁裕
印　刷		株式会社　太洋社
製　本		株式会社　太洋社

発　行　所　　株式会社　黎　明　書　房

〒460-0002　名古屋市中区丸の内3-6-27 EBSビル
☎052-962-3045　FAX 052-951-9065　振替・00880-1-59001
〒101-0051　東京連絡所・千代田区神田神保町1-32-2
南部ビル302号　☎03-3268-3470

落丁本・乱丁本はお取替します。　ISBN978-4-654-07611-6
ⓒM. Saito 2007, Printed in Japan

デイホームのための
お年寄りの簡単ゲーム集 —介護度レベル付き—

斎藤道雄著
Ａ５判・96頁　1600円

お年寄りと楽しむゲーム＆レク③　介護度に合った簡単で楽しいゲーム23種を「からだを動かすゲーム」「頭を使うゲーム」「仲間づくりのゲーム」に分けて紹介。デイホームづくりに役立つヒントやアドバイス付き。

車椅子・片麻痺の人でもできる
レクリエーションゲーム集

今井弘雄著
Ａ５判・98頁　1500円

高齢者のレクリエーション⑤　車椅子・片麻痺の人も、グループの仲間に入って楽しめるゲームを、イラストを交えて42種類紹介。遊びを通じて人間関係がスムーズになり、リハビリ効果も上がります。

ちょっとしたボケ防止のための
言葉遊び＆思考ゲーム集

今井弘雄著
Ａ５判・94頁　1600円

高齢者の遊び＆ちょっとしたリハビリ①　口や手足を動かしたり、記憶をたどったりすることで脳への血流をよくする、楽しい早口言葉等の言葉遊び11種と、物当てゲーム等の思考ゲーム23種を収録。

介護予防と転倒予防のための
楽しいレクゲーム45

今井弘雄著
Ａ５判・102頁　1600円

お年寄りが笑顔で楽しむゲーム＆遊び①　高齢者の体力・筋力の維持・向上、機能回復を図る楽しいレクゲーム45種を「歌レク体操」「介護予防のための手あそび・指あそび」「体を動かすレクゲーム」に分けて紹介。

思いっきり笑える
頭と体のゲーム＆遊び集

三宅邦夫・山崎治美著
Ａ５判・94頁　1700円

お年寄りが笑顔で楽しむゲーム＆遊び②　現場で大好評の笑いがあふれるゲームや遊びを、頭をきたえるもの、体をすっきりさせるもの、ストレス解消になるものに分け、イラストを交え45種類紹介。

介護予防のための
一人でもできる簡単からだほぐし39

斎藤道雄著
Ａ５判・109頁　1800円

お年寄りが笑顔で楽しむゲーム＆遊び③　お年寄りのケガを防止する、椅子に座って全身・首・肩・背中・胸・手首・腕・腰・足首をほぐす、からだほぐし体操39種をイラストを交えて紹介。

高齢者施設の
季節の小さな壁面かざり

高齢者アクティビティ開発センター編著
Ｂ５判・80頁（内カラー８頁）　2200円

AptyCare 福祉現場シリーズ②　お年寄りが手軽につくれる作品から、集団で少しずつつくって大きな達成感を得られる作品まで、四季折々の壁面かざりのつくり方をイラストとともに紹介。型紙や下絵も収録。

表示価格は本体価格です。別途消費税がかかります。